ANNETTE

ET LUBIN,

BALLET-PANTOMIME

EN UN ACTE,

De la composition de M. DAUBERVAL,

Remis au Théâtre par M. AUMER,

Représenté, pour la première fois, sur le théâtre de la Porte-St.-Martin, le 3 prairial an XII.

A PARIS,

Chez BARBA, libraire, palais du Tribunat, gallerie derrière le Théâtre Français de la République, n° 51.

AN XII.—(1804.)

PERSONNAGES.	ACTEURS.
LE SEIGNEUR.	M. *Philippe.*
LE BAILLI.	M. *Rhénon.*
LUBIN.	M. *Morand.*
ANNETTE.	Mme *Quiriau.*
UNE PAYSANNE.	Mlle *Santiquet.*
UN COUREUR.	M. *Sévin.*

Paysans.

MM. Camus, Rousseau, Alerme, Sévin, Lemaire, Guillet, Guy, Soissons aîné, Soissons cadet, Dunis aîné, Dunis cadet, Alerme.

Paysannes.

Mesdames Lebeau, Denise, Glaise, Rhénon, Duval, Godet, Pauline, Julienne, Desgrois, Victoire, Eugene, Julie.

ANNETTE ET LUBIN.

Le théâtre représente une campagne ; on voit un bois d'un côté et de l'autre un côteau. Sur le devant du théâtre, il y a une cabane de verdure à moitié faite.

SCENE PREMIERE.

Les paysans sont occupés à orner de fleurs un banc de verdure, au-dessus du quel ils placent une couronne enlacée avec des guirlandes de fleurs.

SCENE II.

Arrivée du Bailli ; les paysans lui montrent leur ouvrage ; il en paraît content , il se place sur le trône , et témoigne aux paysans que tout est bien pour la réception du Seigneur.

SCENE III.

(On entend le bruit du cor.)

Le Bailli court au-devant du Seigneur ; mais il prend du côté opposé , les paysans le saluent respectueusement et l'invitent à se reposer ; il accepte et va se placer sur un banc de gazon ; au même instant les paysans tiennent chacun une guirlande ; d'autres placent la couronne au-dessus de sa tête , et forment un grouppe. Le Seigneur témoigne sa joie et sa reconnaissance.

SCENE IV.

Le Bailli arrive tout essoufflé , il apperçoit le Seigneur au milieu des paysans ; il est fâché que la réception se soit faite sans lui. Le Seigneur le rassure par ses manières obligeantes et le fait placer à ses côtés.

(On danse.)

SCENE V.

Le Seigneur prend congé de tous les paysans , et du Bailli qui lui fait de grandes salutations.

SCENE VI.

Les femmes et les hommes continuent à danser ; le Bailli ne veut pas souffrir cela. Il renvoie d'un côté les hommes, et les femmes de l'autre ; ils sortent tous en le menaçant.

SCENE VII.

Le Bailli entend, dans le lointain, Lubin qui vient vers lui , il se retire et va se cacher pour l'épier.

SCENE VIII.

Lubin arrive dansant et sautant, portant sur son épaule un faisceau de feuillage. Arrivé à la cabane , il la termine en l'ornant de divers feuillages. Il exprime le plaisir qu'il goûtera avec Annette ; mais il s'impatiente de ne la point voir venir... Il entend du bruit , il écoute , il court à la montagne ; il l'apperçoit et va se cacher dans la cabane.

SCENE IX.

Annette paraît sur la montagne ; elle
est bien fatiguée , elle porte un panier
à son bras; elle le pose à terre , elle
cherche Lubin; elle boude de ce qu'elle
ne le voit point. Elle va pour entrer
dans la cabane , mais aussitôt Lubin en
sort ; reproches de part et d'autres.
Mais cette brouillerie ne dure qu'un
moment, ils expriment tous deux leur
bonheur ; ils dansent. Annette propose
à Lubin de manger ; Lubin accepte, et
tout deux vont s'asseoir dans leur cabane.

SCENE X.

Le Bailli qui, pendant toute la scène
précédente était aux aguets, les voit entrer dans la cabane, ne peut contenir sa

colère. Il va pour entrer, mais il craint
Lubin, il reste derrière, et observe tout
ce qui se passe. Après avoir déjeûné,
Annette sort de la cabane et voit les
moutons qui vont au pré, elle dit à
Lubin qu'il faut se séparer. Lubin ne
veut point quitter sitôt sa chère Annette ;
mais elle lui ordonne de la quitter. Lubin obéit ; avant de s'en aller il lui demande un baiser sur une main, Annette
le lui accorde, il demande l'autre, et
alternativement jusqu'au pied de la col-
line elle lui donne l'une et l'autre main
à baiser.

*(Pendant cette scène le Bailli écarte
tout doucement les branches, et passe
sa tête à travers.)*

SCENE XI.

Le Bailli sort de sa cachette furieux,
Annette va pour rentrer ; mais elle est
arrêtée par le Bailli qui la salue ; elle
lui rend froidement son salut. Le Bailli
est courroucé de cet acceuil si froid. Il
lui dit que Lubin est bien heureux, qu'il
vient de le voir avec elle et qu'elle lui a
permi de baiser sa main ; Annette répond
avec beaucoup de naïveté qu'elle ne refuse jamais rien a son cher cousin ; le
Bailli lui propose de le renvoyer, Annette
se rit et se moque de lui ; le Bailli lui
peint son amour , il poursuit Annette
qui toujours l'évite ; il se jette à ses genoux, mais Annette le repousse. Il se re-
lève , et la prend par la main , et lui
dit :

B

« Lubin dit qu'il vous aime.

» *Annette* répond : oui, M. le Bailli.

» *Le Bailli.* Vous lui dites de même.

» *Annette.* Oui, M. le Bailli.

» *Le Bailli.* Il prend la main, la baise.

» *Annette.* Oui, M. le Bailli.

» *Le Bailli.* Cela vous rend bien aise.

Annette, avec transport. Oui, M. le Bailli.

Le Bailli ne peut contenir sa colère, il se répand en imprécation contre Annette, et lui dit de continuer à donner la préférence à Lubin, qu'un jour, si elle devient mère, ses enfans seront comme elle maudits et méprisés dans tout le pays. Il lui donne sa malédiction en se retirant. Annette court après lui, le prie, le supplie de vouloir bien l'écouter ; mais c'est en vain ; elle reste seule éplorée, effrayée de tout ce qu'il vient de lui dire ; elle succombe à sa douleur, et tombe évanouie au pied de la cabane.

SCENE XII.

Lubin joyeux arrive des champs dans
l'espoir de retrouver son Annette ; mais
quelle est sa surprise lorsqu'il la voit évanouie ; il vole a elle , et , pour la rappeler à
la vie, emploie plusieurs moyens qui sont
inutiles. Enfin , désespéré , il apperçoit un
vase, il y court, y puise de l'eau , lui en
jette avec ses deux mains quelques gouttes
à la figure ; elle reprend connaissance ;
Lubin la soulève et lui demande la cause
des pleurs qu'elle répand , Annette n'ose
d'abord répondre ; mais enfin elle cède aux
instances de Lubin , elle avoue que le
Bailli est la cause, par son mauvais trai-e-
ment, de tout son chagrin ; Lubin apperçoit le Bailli , court à lui et le saisit.

SCENE XIII.

Lubin tient fortement au colet le Bailli qui craint les coups de Lubin ; Annette se précipite au milieu d'eux, cherche à les séparer ; le Bailli ne doit son salut qu'à la fuite ; il est rencontré par le Seigneur qui accourt au bruit.

SCENE XIV.

Annette et Lubin prie le Seigneur de vouloir les écouter, elle exprime son amour pour Lubin en lui racontant que, depuis leur tendre enfance, ils ne se sont point quitté ; le Seigneur, tout en l'écoutant, la trouve jolie, il conçoit le desir de la posséder ; il ordonne au Bailli d'appeler ses piqueurs ; ils accourent à ses ordres, ils saisissent Annette et l'enlèvent, Lubin est comme un furieux en voyant enlever sa

maîtresse ; il se débarasse des mains des piqueurs ; dans son chemin il rencontre le
Bailli a qui il fait sentir sur la joue le poids
de sa main.

SCENE XV.

Le Seigneur après avoir réfléchi sur la
scène qui vient de se passer, se retire ; le
Bailli l'arrête et lui montre sa joue ; le Seigneur rit de la grotesque figure du Bailli.

SCENE XVI.

Le coureur vient avertir le Seigneur que
tout, dans le château, est dans la rumeur,
qu'il faut sonné le tocsin , que le suisse a le
nez cassé, et lui le dos tout fracassé, Le
Seigneur ardonne au Bailli de l'attendre.

SCENE XVII.

Le Bailli est dans une peur mortelle, il

voit Lubin qui frappe tous les domestiques
du Seigneur , et , lorsqu'ils ont fui , Lubin
cherche s'il ne découvrira pas le Bailli ;
il l'apperçoit tapis dans un coin , Lubin
le menace, tombe sur lui, et à grands coups
de bâton le fait fuir ; Annette sort du château , Lubin la prend dans ses bras et re-
mercie le ciel de la lui avoir rendue.

SCENE XVIII.

Le Bailli précède le Seigneur et tout les
villageois. Lubin et Annette tombe à ses
genoux, il les fait éloigner et ordonne au
Bailli d'approcher ; celui-ci enchanté se
met en mesure pour en faire un procès-ver-
bal ; Annette et Lubin sont appelés tour-à-
tour , le Seigneur ordonne au Bailli de bien
écrire ce qu'il va lui dicter, Annette et Lubin tremblent, tout les villageois prient
pour eux. Le Seigneur leur prend les mains

avec force , le Bailli est enchanté, les villageois sont tous dans une grande tristesse ;
mais à cette tristesse succède la joie en
voyant les deux amans unis.

Le Bailli vient à son tour demander par-
don. Le Seigneur le refuse et ne cède qu'au
prières d'Annette et Lubin. Joie générale
exprimée par un divertissement qui termine
le ballet.

F I N.

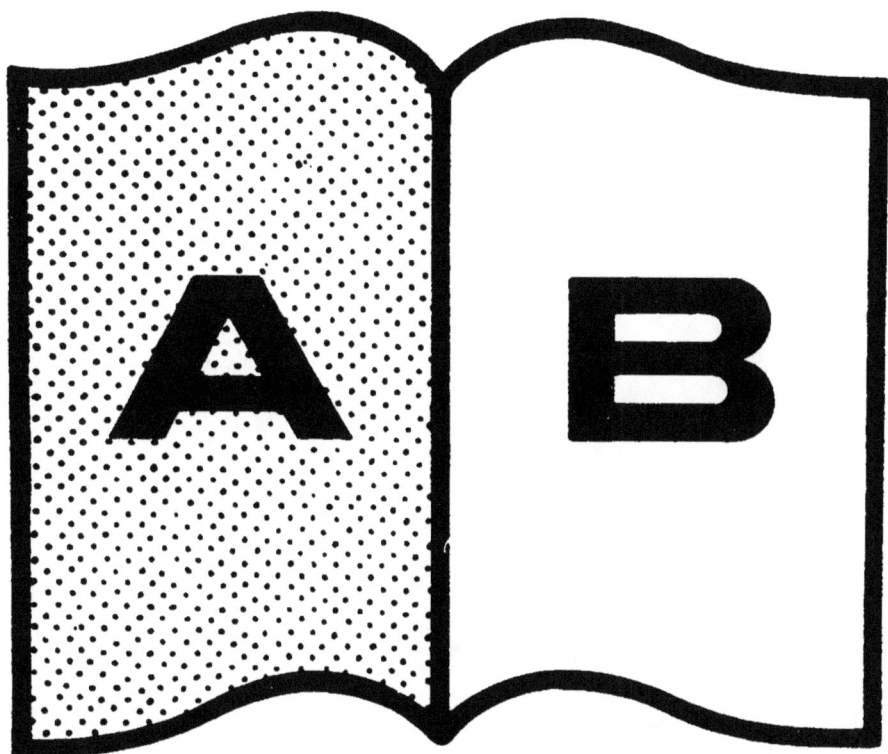

Contraste insuffisant

NF Z 43-120-14

www.ingramcontent.com/pod-product-compliance
Lightning Source LLC
Chambersburg PA
CBHW061809040426
42447CB00011B/2560